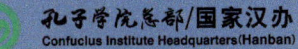

For Kids and Teenagers

Level 4
四级

I Love "Eight Years"

我爱"八年"

孔子学院总部 / 国家汉办 编

北京语言大学出版社
BEIJING LANGUAGE AND CULTURE
UNIVERSITY PRESS

图书在版编目 (CIP) 数据

我爱"八年"/孔子学院总部,国家汉办编.—北京:北京语言大学出版社,2014.12(2017.9重印)
(好朋友:汉语分级读物.四级)
ISBN 978-7-5619-4055-6

Ⅰ.①我… Ⅱ.①孔… Ⅲ.①汉语—对外汉语教学—语言读物 Ⅳ.① H195.5
中国版本图书馆 CIP 数据核字(2014)第 284655 号

书　　名:	我爱"八年"
	WO AI "BA NIAN"
责任印制: 周　燚	**练习编写:** 倪佳倩
英文翻译: 孙齐圣	**插图绘制:** 孙　屹

出版发行: 北京语言大学出版社
社　　址:北京市海淀区学院路 15 号　　邮政编码:100083
网　　址:www.blcup.com
电　　话:发行部　82303650 / 3591 / 3651
　　　　　编辑部　82301016
　　　　　读者服务部　82303653
　　　　　网上订购电话　82303908
　　　　　客户服务信箱　service@blcup.com
印　　刷:北京京华虎彩印刷有限公司
经　　销:全国新华书店

版　　次:2014 年 12 月第 1 版　　2017 年 9 月第 3 次印刷
开　　本:710 毫米 × 1000 毫米　1/16　印张:3.25
字　　数:23 千字
书　　号:ISBN 978-7-5619-4055-6 / H · 14331
　　　　　03900

凡有印装质量问题,本社负责调换。电话:82303590

亲爱的朋友:

你好!

"好朋友——汉语分级读物"是我们为广大汉语学习者奉上的一份礼物,在这里,你可以用汉语读到自己熟悉的文化,你可以根据自己的汉语水平选择难度级别合适的读物,你还可以随时随地听读这些故事,汉语学习在这里变得亲切、简单、有效。

多元文化: 这套读物的原始素材主要来自国家汉办举办的首届"孔子学院杯"国际汉语教学写作大赛的获奖作品,我们挑选了来自40个国家的作品,当你读到自己熟悉的文化,是不是觉得更加亲切呢?除此之外,你还可以用汉语了解其他39个国家的见闻,这是多么有意思的事情啊!

分级阅读: 这套读物共6个级别,语言难度和词汇量分别对应新汉语水平考试(新HSK)1–6级。你可以根据自己的汉语水平选择难度级别合适的读物。

随时听读: 这套读物配有录音MP3和可供免费下载的音频文件,让你有效利用碎片时间,随时随地听读有趣的故事,让阅读的乐趣无处不在。

感谢孔子学院总部暨国家汉办的大力支持和帮助,使得这套读物顺利出版。

编者

Dear friends,

Friends—Chinese Graded Readers is a gift for Chinese learners, where you can read familiar culture in Chinese, choose the appropriate reading materials of different levels according to your language proficiency, and listen to and read these stories anytime and anywhere. In these books, learning Chinese becomes habitual, simple, and effective.

Multicultural: The raw materials of these readers mainly come from the award-winning works in the First "Confucius Institute Cup" International Chinese Language Teaching and Writing Contest held by Hanban. Works from 40 countries are included in these books. Won't you have a more cordial feeling when reading about the culture you are familiar with? In addition, you can read about the experiences in 39 other countries in Chinese, which will also be a fun learning experience.

Graded Reading: The series of readers consists of six levels with their grammar and vocabulary corresponding to Levels 1–6 in the New HSK Syllabus. You can choose books of a certain degree of difficulty according to your own level of Chinese proficiency.

Listen and Read Anytime: Each reader comes along with an MP3 CD as well as online audio files for free downloading, enabling readers to make use of fragments of time to listen to and read interesting stories, thus making the fun of reading everywhere.

We hereby would like to extend our gratitude to the Confucius Institute Headquarters (Hanban) for the great support and help we are given to successfully publish this series of readers.

The Compilers

语法术语缩略形式表
Abbreviations for Grammatical Terms

英文缩写 Abbreviations	英文全称 Grammatical Terms in English	中文名称 Grammatical Terms in Chinese
n.	noun	名词
p.n.	proper noun	专有名词
v.	verb	动词
adj.	adjective	形容词
num.	numeral	数词
m.	measure word	量词
pron.	pronoun	代词
adv.	adverb	副词
prep.	preposition	介词
conj.	conjunction	连词
part.	particle	助词
int.	interjection	叹词
ono.	onomatopoeic word	拟声词

我们班的晨会
The Morning Conference of Our Class 2

我爱"八年"
I Love "Eight Years" 5

十一个约定
The Eleven Agreements 10

缅甸的泼水节
The Water-Sprinkling Festival in Burma 14

去同学家做客
Visiting the Home of a Classmate 17

我的祖国
My Motherland 21

我的暑假生活
My Summer Holiday 24

爬山
Climbing a Mountain 29

意大利人和咖啡
Italians and Coffee 33

学会中国话,朋友遍天下
Learning Chinese Doubles Your Friends 36

我们班的晨会 [1]
The Morning Conference of Our Class

Maya Johnson　美国明尼苏达大学孔子学院

 晨会结束后,我们感觉怎么样?
How do "we" feel after the morning conference?

01

每天早上八点三十分到九点,我们五年一班会在一起开一个晨会。

晨会是一个有趣的活动。晨会时,我们会读老师写给我们的短信,还会跟同学分享[2]我们心里的感受[3]。有时会有别的班的老师和同学来参加我们的晨会,有时也会有校外的人来参观我们的晨会。

开晨会的时候,大家都要认真地听同学和老师说话。我们

1. 晨会 chénhuì n. morning conference
2. 分享 fēnxiǎng v. to share (joy, rights, etc.)
3. 感受 gǎnshòu n. feeling

会谈今天的天气,还会谈今天的午饭是什么。有时候,我们还会练习中文、复习数学,我们还会玩游戏、画画、讲故事。

晨会结束前,我们会互相说一些鼓励的话,再去准备第一节课需要的东西。晨会结束后,我们都感到很兴奋,所以晨会是一天中很好的开始。

好朋友
Friends

练习 Exercises

一、选出正确答案。 Choose the right answer.

> A. 参加　　B. 鼓励　　C. 有趣　　D. 开始　　E. 短信

1. 晨会是一个（　　）的活动。
2. 晨会时，我们会读老师写给我们的（　　）。
3. 别的班的老师和同学来（　　）我们的晨会。
4. 晨会结束前，我们会互相说一些（　　）的话。
5. 晨会是一天中很好的（　　）。

二、排列顺序。
Put the following sentences in the right order.

A. 我们会谈很多事情，还会玩游戏。
B. 每天早上我们班会在一起开一个晨会。
C. 晨会结束后，大家都很兴奋。
D. 说完了再准备第一节课需要的东西。
E. 晨会结束前，我们会互相说一些鼓励的话。

三、说说你们学校的一种活动。
Talk about one of the activities in your school.

我爱"八年"
I Love "Eight Years"

Nina Jeffs　新西兰奥克兰孔子学院

"我"为什么喜欢"我"的小区?
Why do "I" love the housing estate where "I" live?

02

我在我的小区¹住了八年了,今年我给这个小区取了一个中文名字叫"八年"。

春天,"八年"到处是红花和绿草。春天是我最喜欢的季节,因为春天不冷也不热,非常舒服。我也喜欢夏天,一到夏天,小区里的树就长得更高更大了。而且天气一热,我就又可以在家里的游泳池²游泳了。

我家离海不远,所以爸爸、

1. 小区 xiǎoqū n. housing estate
2. 游泳池 yóuyǒngchí n. swimming pool

好朋友
Friends

妈妈和我,还有我们家的小狗,经常一起去海边散步。我家离公园也很近,公园就在我家后面,我下课以后就去公园踢足球。最棒的是我家离学校近极了,所以我每天早上不用很早起床。我喜欢自己走路上学。住在"八年"这个小区,生活也非常方便:我家离商场很近,周末

的时候我经常跟朋友一起去商场买东西、看电影。

我喜欢"八年"的原因还有一个——这个小区有一个很大的博物馆³,还有一个图书馆。再过两年,我就十六岁了,那时我想在博物馆或图书馆工作,为这个小区服务!

我爱"八年",因为"八年"是个又漂亮、又方便、又有意思的好地方!

3. 博物馆 bówùguǎn
   n. museum

好朋友
Friends

练习 Exercises

一、选出正确答案。Choose the right answer.

A. 到处   B. 方便   C. 取   D. 原因   E. 棒

1. "我"给小区（　　）了个名字叫"八年"。
2. 春天（　　）都是红花和绿草。
3. 最（　　）的是"我"家离学校很近。
4. 这里生活也很（　　）。
5. "我"喜欢"八年"的（　　）还有一个。

二、选出正确答案。Choose the right answer.

1. "我"喜欢春天，因为春天非常（　　）。
   A. 热　　　　B. 冷　　　　C. 舒服　　D. 干净
2. 公园就在"我"家（　　）。
   A. 前面　　　B. 后面　　　C. 旁边　　D. 左边
3. "我"喜欢自己（　　）上学。
   A. 骑自行车　B. 坐公共汽车　C. 走路　　D. 跑步
4. 周末的时候"我"经常跟（　　）去商场。
   A. 同学　　　B. 妈妈　　　C. 妹妹　　D. 朋友
5. 再过两年，"我"想在博物馆或（　　）工作。
   A. 商场　　　B. 学校　　　C. 公园　　D. 图书馆

三、介绍一下你住的小区。
Introduce the housing estate where you live.

- 你的小区在哪儿?
- 你的小区有多大?
- 小区附近都有什么?
- 你喜欢你的小区吗？为什么?

十一个约定[1]
The Eleven Agreements

岸晴香　日本立命馆孔子学院

我们和笑笑的第十一个约定是什么？
What is the eleventh agreement between Xiaoxiao and "us"?

去年七月，我有了一个弟弟，他的名字叫"笑笑"。他可爱极了，眼睛大大的、黑黑的，鼻子也是黑黑的。啊，忘了告诉大家，笑笑是一只小狗。

笑笑来我家之前，我们一家人在一起讨论了养狗的事。如果要养狗，只是喜欢是不够的，每天要带他散步，给他打扫，等等，有很多事情要做。而且，狗的生命只有十年左右，活得比人短，我们是否能眼看

1. 约定 yuēdìng　v.
   to agree, to appoint

十一个约定 The Eleven Agreements

着他死去呢？有一本书叫《狗狗和我的十个约定》，我们都看了这本书。

这本书是用狗狗的口吻²写下的，第一个约定是"请对我有耐心，请相信我，我会感到非常幸福"。还有这样的约定："当我老了，也请一样爱我，多陪陪我。"最后第十个约定是

2. 口吻 kǒuwěn
n. tone

好朋友
Friends

这样的:"我走的时候,请在我的身边。记住我,记住我一直爱着你。"狗虽然不会说话,但是看了这本书后,我感觉我能理解狗在想什么了。

现在笑笑特别健康,每天都很快乐,很难想象[3]他会生病,死就更别提了。我要记住这些约定,会一直爱他,一直照顾他。

我们定下了和笑笑的第十一个约定:"不管什么时候,都要笑。因为我的名字是笑笑。"

3. 想象 xiǎngxiàng
   v. to imagine

十一个约定 The Eleven Agreements

练习 Exercises

一、选出正确答案。Choose the right answer.

> A. 生命　　B. 照顾　　C. 够　　D. 耐心　　E. 健康

1. 如果要养狗，只是喜欢是不（　）的。
2. 狗的（　）只有十年左右。
3. "请对我有（　），请相信我，我会感到非常幸福"。
4. 现在笑笑很（　），每天都很快乐。
5. "我"会一直（　）笑笑。

二、排列顺序。
Put the following sentences in the right order.

A. 我们是否能眼看着他死去呢？
B. 而且狗的生命只有十年左右。
C. 如果要养狗，只是喜欢是不够的。
D. 每天要带他散步，给他打扫，等等。
E. 笑笑来"我"家之前，我们一家人讨论了养狗的事。

三、说说你养过的动物。
Talk about the animals you have kept.

缅甸¹的泼水节²
The Water-Sprinkling Festival in Burma

Mi Naw Aung　缅甸福庆语言电脑学校孔子课堂

 泼水节的第几天最热闹?
Which day of the Water-Sprinkling Festival is the most bustling?

泼水节是缅甸的新年,是我最喜欢的节日,因为所有人都可以玩水。

泼水节的早晨,老人们都去拜佛³,只有一些年轻人和小孩子在玩水。有的人在自己家里泼水,还有的人坐车去街上泼水。今年的泼水节一共有五天,第一天和第二天我都和姐姐在家里玩水。第三天是最热闹的一天,所以我和我的阿姨、哥哥、弟弟一起去街上玩。路上的人都在泼

1. 缅甸　Miǎndiàn
　　p.n. Burma
2. 泼水节　Pōshuǐ Jié
　　p.n. Water-Sprinkling Festival
　　泼　pō　v.
　　to sprinkle, to splash
3. 拜佛　bàifó
　　v. to worship Buddha

水，有的人泼温水⁴，有的人泼冷水。我们走着走着，车多了起来，前面出现了一个舞台⁵，舞台上有很多漂亮的女孩子在表演。在舞台下面，人们快乐地泼着水。

泼水节让我忘记了所有不高兴的事情，泼水节是我最喜欢的节日。

4. 温水 wēn shuǐ
warm water

5. 舞台 wǔtái
n. stage

好朋友
Friends

练习 Exercises

一、选出正确答案。Choose the right answer.

> A. 年轻人　　B. 还　　C. 热闹　　D. 忘记　　E. 一共

1. 泼水节的早晨，只有（　　）和小孩子在玩水。
2. 有的人在家里泼水，（　　）有的人去街上泼水。
3. 今年的泼水节（　　）有五天。
4. 第三天是最（　　）的一天。
5. 泼水节让"我"（　　）了所有不高兴的事情。

二、排列顺序。Put the following sentences in the right order.

A. 第一天和第二天"我"都和姐姐在家里玩水。
B. 我们走着走着，前面出现了一个舞台。
C. 舞台上有很多女孩子在表演。
D. 第三天"我"和阿姨、哥哥、弟弟一起去街上玩。
E. 在舞台下面，人们都快乐地泼着水。

三、说说你们国家的新年。Talk about the New Year in your country.

去同学家做客[1]
Visiting the Home of a Classmate

Kaelyn Chen　美国明尼苏达大学孔子学院

 秋的妈妈给我们做了什么好吃的？
What delicious food did Qiu's mother make for "us"?

05

秋是我的好朋友，她个子高高的，留着一头黑黑的短发，胖胖的小脸上有一双大大的、咖啡色的眼睛，笑起来有两个可爱的小酒窝[2]。我们俩都喜欢跑步，我们总是在一起玩。

秋邀请我去她家做客，妈妈同意了，我非常高兴。终于等到了这一天，还没有走出学校的大门，我就看到了她爸爸的汽车停在学校的门前，我和

1. 做客　zuòkè　v.
   to be a guest, to visit
2. 酒窝　jiǔwō
   n. dimple

好朋友
Friends

秋像两只小鸟一样飞进了车里。

秋的家在一条漂亮的街道上,街道的两旁停着很多汽车,高大的枫树³上的叶子被风吹⁴得哗啦⁵哗啦地响。走进她家的大门,秋的妈妈已经给我们做好了饭菜,有鱼、羊肉、面包、沙拉⁶……我和秋的家人一边吃饭,一边开心地聊天。吃过晚

3. 枫树 fēngshù n. maple
4. 吹 chuī v. to blow
5. 哗啦 huālā ono. rustle
6. 沙拉 shālā n. salad

饭后,她的妈妈又带我们去游泳,我们俩玩得很开心。

时间过得真快,我该回家了,我和秋商量好下次她要到我家去玩。这是我最快乐的一天。

好朋友
Friends

练习 Exercises

一、选出正确答案。 Choose the right answer.

A. 同意　B. 小鸟　C. 黑黑的　D. 跑步　E. 咖啡色

1. 秋有一头（　）短发。
2. 秋有（　）的眼睛。
3. "我"和秋都喜欢（　）。
4. 妈妈（　）"我"到秋家里玩。
5. "我"和秋像两只（　）一样飞进了车里。

二、选出正确答案。 Choose the right answer.

1. 秋的个子（　）。
   A. 很高　　B. 很矮　　C. 很胖　　D. 很黑
2. 秋的爸爸的汽车停在（　）。
   A. 学校门前　B. 家门前　C. 街道两旁　D. 学校后面
3. "我"和秋的家人一边吃饭，一边（　）。
   A. 唱歌　　B. 听音乐　C. 聊天　　D. 喝水
4. 吃过晚饭，秋的妈妈带我们去（　）。
   A. 散步　　B. 跑步　　C. 游泳　　D. 回家
5. 秋下次要去（　）玩。
   A. "我"家　B. 学校　　C. 游泳池　D. 公园

三、介绍一次你做客的经历。
Talk about one of your experiences of being a guest.

我的祖国[1]
My Motherland

米格玛尔　蒙古国国立教育大学孔子课堂

 白月节年轻人要做什么？
What do young people do during Qagan Sar?

06

我是一个蒙古国[2]男孩子，我的家在蒙古国的首都。虽然我们的首都不大，但是很漂亮。这里生活着一百多万人，其中百分之七十是年轻人，是世界上最年轻的城市之一。

我们最大的传统节日是那达慕[3]大会。那达慕大会有三种比赛：骑马比赛、射箭[4]比赛和摔跤[5]比赛。我最喜欢的是骑马比赛，因为马是蒙古国人最爱的动物。蒙古国还有一个

1. 祖国　zǔguó　n. motherland
2. 蒙古国　Měnggǔguó p.n. Mongolia
3. 那达慕　nàdámù n. Nadam Fair
4. 射箭　shèjiàn　v. to shoot a bow and arrow
5. 摔跤　shuāijiāo v. to wrestle

好朋友
Friends

重要的节日叫"白月节[6]",过节时年轻人要去拜访[7]老人,喝奶茶[8],吃包子,然后送给他们礼物。蒙古国人的传统衣服是袍子[9],但是现在穿袍子的人越来越少了,只有到了节日的时候才会穿。

我很爱我的祖国,我的祖国在我心里是世界上最美丽的地方,我要为我的祖国好好学习。

6. 白月节 Báiyuèjié
   p.n. Qagan Sar
7. 拜访 bàifǎng
   v. to pay a visit
8. 奶茶 nǎichá
   n. milk tea
9. 袍子 páozi
   n. robe

我的祖国 My Motherland

📖 练习　Exercises

一、选出正确答案。Choose the right answer.

A. 礼物　B. 越来越　C. 首都　D. 百分之　E. 之一

1. "我"的家在蒙古国的（　　）。
2. 这里（　　）七十是年轻人。
3. 这里是世界上最年轻的城市（　　）。
4. 过节时要送给老人（　　）。
5. 现在穿袍子的人（　　）少。

二、选出正确答案。Choose the right answer.

1. 下面哪项不是那达慕大会的比赛？（　　）
   A. 骑马　　B. 射箭　　C. 摔跤　　D. 跑步
2. "我"最喜欢的比赛是什么？（　　）
   A. 骑马　　B. 射箭　　C. 摔跤　　D. 跑步
3. 蒙古国人最喜欢的动物是什么？（　　）
   A. 马　　　B. 狗　　　C. 猫　　　D. 鸟
4. 蒙古国人的传统衣服是什么？（　　）
   A. 裙子　　B. 袍子　　C. 衬衫　　D. 帽子
5. 白月节人们要做什么？（　　）
   A. 拜访老人　B. 上班　　C. 休息　　D. 旅游

三、介绍你们国家的一个节日。
　　Introduce a festival of your country.

我的暑假生活
My Summer Holiday

火朔　美国特拉华大学孔子学院

老师让"我"认识到什么?
What did the teacher make "me" realize?

07

每年我都盼¹着放暑假。暑假我可以在床上睡懒觉,可以不学习,可以玩游戏,有的时候还可以去中国跟我的弟弟玩,实在是太快乐了!

但是我今年的暑假跟以前不一样,我学到了很多东西,因为我报名参加了一个厨艺夏令营²。在一个星期里,我们做了很多好吃的,比如巧克力蛋糕、面条,还有饺子呢!有一次,我们做了一个黑黑的、看

1. 盼　pàn　v.
to look forward to

2. 厨艺夏令营
chúyì xiàlìngyíng
summer cooking camp

着有一点儿恶心[3]的蛋糕，同学们都不敢靠近[4]。我还以为我们的老师会很生气，可是他只笑了笑说："以前我跟你们一样，看起来'恶心'的东西都不吃。可是有一次我看到我妈妈吃得特别香，我就试了试，没想到很好吃！所以我规定从现在开始，你们看到奇怪的东西时，不能说'恶心'，也不能说'不吃'。先试一试，再做决定，好吗？"于是，我们都吃了那"恶心"的蛋糕。啊，没想到还挺好吃！

　　今年暑假，我妈妈种了一些秋葵[5]。当我第一次看到黏糊糊[6]的秋葵，就想起了老师说的

3. 恶心 ěxin adj. disgusting
4. 靠近 kàojìn v. to get close to
5. 秋葵 qiūkuí n. okra
6. 黏糊糊 niánhūhū adj. sticky

好朋友
Friends

话:"看到没吃过的东西,不许随便说'恶心'或'不吃',先试一试。"于是我就尝了一口。啊,太好吃了!于是秋葵就成了我最爱吃的菜。

我的老师让我认识到要多尝试[7]新东西,否则可能会错过[8]很多快乐。

7. 尝试 chángshì v. to try
8. 错过 cuòguò v. to miss, to let slip

我的暑假生活 My Summer Holiday

练习 Exercises

一、选出正确答案。Choose the right answer.

A. 睡懒觉　B. 报名　C. 实在　D. 规定　E. 放暑假

1. 每年"我"都盼着（　　）。
2. 暑假"我"可以在床上（　　）。
3. 暑假（　　）太快乐了！
4. "我"（　　）参加了一个夏令营。
5. 老师（　　）要先试试，再做决定。

二、选出正确答案。Choose the right answer.

1. 下面哪项不是"我"喜欢暑假的原因？（　　）
   A. 可以睡懒觉　　　　B. 可以玩游戏
   C. 有好吃的　　　　　D. 不用学习
2. 下面哪项不是我们在夏令营做的好吃的？（　　）
   A. 巧克力蛋糕　B. 面包　　C. 面条　　　D. 饺子
3. 我们做的黑黑的蛋糕味道怎么样？（　　）
   A. 好吃　　　B. 不好吃　C. 一般　　　D. 很难吃
4. 今年暑假，"我"妈妈种了什么？（　　）
   A. 西瓜　　　B. 苹果　　C. 白菜　　　D. 秋葵
5. 老师除了做菜，还教会"我"什么？（　　）
   A. 学习　　　B. 玩游戏　C. 尝试新东西　D. 种菜

好朋友
Friends

三、说说去年暑假你是怎么过的。
Talk about how you spent the summer holiday last year.

- 看电影
- 看小说
- 旅行
- 听音乐会（to go to a concert）
- 学开车（to learn driving）
- 做兼职（to do a part-time job）
- 参加夏令营（to attend summer camp）
- 学汉语

爬山
Climbing a Mountain

蔡丽莎　美国特拉华大学孔子学院

"我"为什么脚疼?
Why did "my" feet hurt?

  这个夏天，我和爸爸、妈妈去了著名的国家公园，在那儿玩了一个星期。我吃了很多龙虾[1]，也爬了很多山。

  有一次爬山，刚爬了一会儿，我就觉得有点儿累，低头一看，原来我忘了换运动鞋了。我想坚持一下，可是过了一会儿脚开始疼了。我还是不想放弃，爬呀、爬呀，我的脚更疼了。这时候，我已经爬了一半了，如果下山回去换鞋，就得

1. 龙虾　lóngxiā
  n. lobster

好朋友
Friends

走更多的路,脚就更疼了。我只好继续往山顶²爬,路还远着呢。

爸爸、妈妈看见我的样子,说:"我们休息一下吧。"这样,

2. 山顶 shāndǐng
n. mountaintop

爬山 Climbing a Mountain

休息了一会儿，我的脚不那么疼了，我们又继续往山顶爬。风声、鸟叫声在耳边响，汗水也从头上流[3]下来。我回头一看，我们已经爬得很高很远了。脚越来越疼，可山顶也越来越近。爬呀、爬呀，我终于爬到山顶了！

大家高兴地喊[4]着，冲[5]到山顶的一块大石头[6]上。

山上好美！山、水、林、烟[7]……山顶的风很凉爽[8]，刚刚的累和疼也感觉不到了。

3. 流 liú　v. to flow
4. 喊 hǎn　v. to shout
5. 冲 chōng　v. to dash, to rush
6. 石头 shítou　n. stone, rock
7. 烟 yān　n. smoke
8. 凉爽 liángshuǎng　adj. cool

好朋友
Friends

📖 练习　Exercises

一、选出正确答案。Choose the right answer.

A. 坚持　　B. 著名　　C. 休息　　D. 原来　　E. 刚刚

1. "我"和爸爸、妈妈去了（　　）的国家公园。
2. 低头一看，（　　）"我"忘了换运动鞋了。
3. "我"想（　　）一下，可是过了一会儿脚开始疼了。
4. 爸爸、妈妈说："我们（　　）一下吧。"
5. 山顶的风很凉爽，（　　）的累和疼也感觉不到了。

二、排列顺序。
Put the following sentences in the right order.

A. "我"和爸爸、妈妈去爬山。
B. 爬了一会儿，"我"觉得脚开始疼了。
C. "我"终于爬到了山顶。
D. 低头一看，原来"我"忘记换运动鞋了。
E. 休息了一会儿，脚不那么疼了，"我"又往山顶爬。

| | | | | |

三、介绍你的一次旅行。
Talk about one of your trips.

意大利人[1]和咖啡
Italians and Coffee

Berneri Valentina　意大利米兰国立大学孔子学院

 午饭和晚饭后喝咖啡有什么作用？
What's the benefit of drinking coffee after lunch and supper?

 09

意大利人很喜欢咖啡。起床后，意大利人要做的第一件事就是喝咖啡；吃完午饭和晚饭，喝一杯咖啡可以帮助消化[2]；工作、学习累了，喝一杯咖啡可以提神[3]。喝咖啡是意大利人生活的重要部分，也是人与人交流的一种重要方式[4]——朋友们经常在一起一边喝咖啡一边聊天。

意大利人喜欢多样化[5]，意大利的咖啡也是花样百出[6]，有

1. **意大利人** yìdàlìrén
   n. Italian (people)

   意大利 Yìdàlì
   p.n. Italy

2. **消化** xiāohuà　v.
   to digest

3. **提神** tíshén　v.
   to refresh, to invigorate

4. **方式** fāngshì
   n. way, mode

5. **多样化** duōyànghuà
   diversification

6. **花样百出**
   huāyàng-bǎichū
   of a great variety

好朋友
Friends

浓缩咖啡[7]、卡布奇诺[8]、拿铁[9]，还有玛琪雅朵[10]、摩卡[11]、摩卡奇诺[12]。

所以意大利有句俗语[13]：尝了意大利的咖啡，你就不会再想喝其他咖啡了！

7. 浓缩咖啡 nóngsuō-kāfēi n. espresso
8. 卡布奇诺 kǎbùqínuò n. cappuccino
9. 拿铁 nátiě n. latte
10. 玛琪雅朵 mǎqíyǎduǒ n. macchiato
11. 摩卡 mókǎ n. mocha
12. 摩卡奇诺 mókǎqínuò n. mochaccino
13. 俗语 súyǔ n. common saying

意大利人和咖啡 Italians and Coffee

练习 Exercises

一、选出正确答案。Choose the right answer.

A. 帮助　　B. 部分　　C. 交流　　D. 聊天　　E. 第一

1. 意大利人起床后的（　　）件事就是喝咖啡。
2. 饭后喝一杯可以（　　）消化。
3. 喝咖啡是意大利人生活的重要（　　）。
4. 喝咖啡是人与人（　　）的重要方式。
5. 朋友们经常一边喝咖啡一边（　　）。

二、判断对错。True or false?

1. 意大利人早上不喝咖啡。（　　）
2. 喝咖啡可以提神。（　　）
3. 喝咖啡影响消化。（　　）
4. 意大利咖啡有很多种。（　　）
5. 意大利人很喜欢咖啡。（　　）

三、说说你喜欢的饮料。
Talk about the drink you love.

学会中国话，朋友遍[1]天下[2]
Learning Chinese Doubles Your Friends

陆汶樱　泰国明满学校孔子课堂

去年"我"和爸爸、妈妈去哪里旅游了？
Where did "my" parents and "I" travel last year?

　　对我来说，学习汉语是一段美好[3]的旅行！学习汉语让我有机会认识了很多朋友。

　　去年我和爸爸、妈妈去中国旅游，十几天的时间我不仅认识了很多中国朋友，还认识了一样喜欢学习汉语的不同国籍的朋友。

　　在我旅行结束、准备回国的时候，还发生了一件让我难忘[4]的事情。当时我们正在北京首都国际机场等飞机，这时候

1. 遍 biàn v.
   to be found all over...
2. 天下 tiānxià
   n. world
3. 美好 měihǎo
   adj. wonderful
4. 难忘 nánwàng v.
   unforgettable

有一位泰国[5]同胞[6]找不到自己的行李了,她不会说汉语,非常着急。于是我陪着她找到了机场负责的人,在大家的努力下,终于在上飞机前找到了行李,我的泰国同胞非常感谢我,

5. 泰国 Tàiguó p.n. Thailand
6. 同胞 tóngbāo n. compatriot

好朋友
Friends

从那以后我们成了好朋友。前几天,她打电话告诉我,她现在也开始学习汉语了!

因为汉语,我认识了那么多的中国朋友;因为汉语,我认识了这么多的泰国朋友;因为汉语,我认识了世界各地的朋友。这真是"学会中国话,朋友遍天下"!

练习 Exercises

一、选出正确答案。 Choose the right answer.

A. 机会　　B. 旅行　　C. 结束　　D. 着急　　E. 国籍

1. 对"我"来说，学习汉语是一段美好的（　　）。
2. 学习汉语让"我"有（　　）认识了很多朋友。
3. "我"认识了一样喜欢学习汉语的不同（　　）的朋友。
4. 在旅游（　　）时，发生了一件让"我"难忘的事情。
5. 她不会说汉语，非常（　　）。

二、排列顺序。
Put the following sentences in the right order.

A. 终于在上飞机前找到了行李。
B. 现在这位泰国同胞也开始学习汉语了。
C. 这时候有一位泰国同胞找不到自己的行李了。
D. 我们正在北京首都国际机场等飞机。
E. "我"陪着她找到了机场负责的人。

三、说说你为什么学汉语。
Talk about why you learn Chinese.